Reisefüher für Kinder

Mallorca

Text von Ulrike Bacherl

Illustrationen von Dieter Tonn

Ein kurzer Überblick

Geschichte Mallorcas 4
Kurz und bündig 6
Die Insel im Überblick 7
Pflanzen- und Tierwelt 9
Wie zu Hause? 13
Land und Leute 14
Essen auf Mallorca 17
Benny Blu Super Sieben 19
Unterwegs auf Mallorca 20
Benny Blu Strand-Spiele 21
Benny Blu Strand-Tipps 23
Landkarte 24
Palma – die Hauptstadt 26
Der Südwesten 28
Der Westen 30
Norden und Nordosten 34
Osten 36
Süden 37
Es Plá – das Landesinnere 38
Mitbringsel 41
Benny Blu Sprach-Lexikon: Spanisch 42
Benny Blu Urlaubs-Erinnerungen 44
Benny Blu Adressen-Seite 48

Mit Benny Blu auf Mallorca

Benny Blu erkundet mit dir eine Insel. Sie heißt Mallorca. Von Deutschland aus erreichst du sie mit dem Flugzeug in ungefähr zwei Stunden.

Geschichte Mallorcas

Mallorca blickt auf eine bewegte Vergangenheit zurück. Die ersten Siedler kamen vor 8.000 Jahren auf die Insel.

vor 3.500 Jahren

Die Inselbewohner errichteten runde Festungstürme aus großen Steinen. Sie heißen Talayots.

vor etwa 2.000 Jahren

Die Römer brachten die Olivenbäume mit. Auch der christliche Glaube kam mit ihnen auf die Insel.

vor 1.100 Jahren

Mauren aus Nordafrika eroberten Mallorca. Sie verbreiteten den moslemischen Glauben und ihre Kultur.

Die Mauren gründeten Banyalbufar.

1229

König Jaume I. besiegte die Mauren. Danach hatten die Menschen auf Mallorca wieder einen christlichen Herrscher.

14. bis 16. Jahrhundert

Wilde Piraten überfielen Mallorca. Sie plünderten die Küstenstädte. Verteidigungstürme aus dieser Zeit siehst du noch heute.

heute

Mallorca gehört zur Inselgruppe der Balearen. Zusammen mit Menorca, Ibiza und Formentera bildet es eine spanische Provinz. Das ist so etwas Ähnliches wie ein deutsches Bundesland.

Die zur Zeit der Römer gefürchteten Steinschleuderer gaben den Balearen ihren Namen.

Kurz und bündig

Mallorca gehört zu Spanien. Die Insel liegt im Mittelmeer zwischen Europa im Norden und Afrika im Süden.

Die wichtigsten Daten über Mallorca

Größe: fast 3.700 km² –
das ist rund viermal so groß wie Berlin.
Hauptstadt: Palma de Mallorca
Einwohnerzahl: ungefähr 630.000 –
so viele Menschen leben etwa
in der Stadt Frankfurt am Main.
Höchster Berg: Puig Major mit 1.445 Metern

Landesflagge Spaniens:

Benny Blu Aktions-Tipp

Die spanische Nationalhymne kannst du dir unter www.BennyBlu.de anhören.

Die Insel im Überblick

Beim Landeanflug schaust du von oben auf die Insel. Du erkennst das grüne Landesinnere, graue Berge und das blaue Meer.

Das Landesinnere

Es besteht aus weiten, fruchtbaren Ebenen. Die Leute bauen dort Obst, Getreide und Gemüse an. Ab und zu kommst du an einem kleinen Dorf vorbei.

Serra de Tramuntana

Dieser Gebirgszug liegt an der Westküste. Er reicht bis ans Meer. Deshalb findest du hier kaum Badestrände.

Traumhafte Buchten

Es gibt viele schöne Badestrände und Buchten. Sie erstrecken sich vom Nordosten bis zum Süden der Insel.

Ein tolles Fotomotiv

Hier siehst du ein beliebtes Postkartenbild: weiße Strände, jede Menge Pinienbäume und dahinter das türkisblaue Meer.

Pflanzen- und Tierwelt

Auf Mallorca wachsen besondere Bäume und Blumen. Viele davon kommen bei uns nicht vor. Ein herrliches Pflanzen-Paradies!

Von Januar bis April leuchten weit und breit die Orangen-, Zitronen- und Mandelblüten. Etwas später blühen die Pfirsichbäumchen.

Buntes Blumenmeer

Im Frühjahr leben die Blumen so richtig auf. Die Wiesen strahlen in rot, lila und weiß.

Aleppokiefern

Diese großen Bäume wachsen vor allem in den Küstengebieten. Ihre langen, grünen Nadeln und die rot-braunen Zapfen fallen sofort auf.

Benny Blu Wissens-Tipp

In einem Aleppowäldchen hörst du oft ein ziemlich lautes Zirpen. Dieses Konzert veranstalten die Sing-Zikaden.

Kakteen

Viele Arten dieser besonderen Pflanzen kommen auf der Insel vor. Aber Vorsicht: Die Stacheln pieksen ganz schön!

Botanicactus

Ein Tipp für kleine Pflanzenfreunde: Besuche den Kakteenpark in der Nähe von Ses Salines! Du siehst dort Kaktuspflanzen in allen möglichen Formen, Farben und Größen.

Olivenbäume

Überall auf der Insel stehen riesige Olivenfelder. Die knorrigen Stämme sehen manchmal etwas seltsam aus.

Viele Sorten

Der Baum kommt vorwiegend rund um das Mittelmeer vor. Dort gedeihen über 1.000 verschiedene Sorten von Olivenbäumen.

Oliven

Die grünen und schwarzen Früchte isst man gerne als Vorspeise. Ob auf dem Markt oder im Restaurant – du bekommst überall Oliven.

Speise-Öl

In großen Ölmühlen werden die Oliven gepresst. So gewinnt man daraus das Öl. Es schimmert gelb-grün.

Benny Blu Aktions-Tipp

Möchtest du mehr über die Herstellung von Speise-Öl wissen? In Sóller kannst du eine richtige Ölmühle besichtigen.

Tiere auf Mallorca

Auf Mallorca begegnen dir überall die weißen Möwen. Auf den warmen Felsen sonnen sich Eidechsen. Mit ihrem langen Schnabel holen sich die Kormorane Fische aus dem Meer.

Insekten

Sicher entdeckst du bunte Schmetterlinge und schillernde Libellen. Zikaden findest du nicht so einfach. Du hörst sie aber abends und nachts laut zirpen.

Wie zu Hause?

Warum lieben viele Urlauber Mallorca? Ist doch klar: Hier genießen sie Sonne, Sand, Meer und eine sehr schöne Landschaft.

Überall Deutsch

Die Insel hat sich voll auf die Feriengäste eingestellt. Es gibt Zeitungen, Radio-Sendungen und Fernsehen in deutscher Sprache. Wenn du mal krank wirst, ist das auch kein Problem. Viele deutsche Ärzte und Zahnärzte arbeiten auf der Insel.

Benny Blu Aktions-Tipp

Die Bewohner Mallorcas freuen sich sehr, wenn du ein bisschen Spanisch sprichst. Benny Blu verrät dir auf den Seiten 42 und 43 ein paar wichtige Ausdrücke.

Land und Leute

Die Einheimischen nennt man Mallorquiner. Sie begegnen jedem Fremden offen und herzlich – vor allem Kindern. Besuche ihre Feste! Dabei lernst du die Mallorquiner am besten kennen.

Fiestas – Feste

Auf einer Fiesta geht es immer lustig zu: Musik spielt, die Menschen singen und tanzen. Oft tragen die Mallorquiner traditionelle, farbenprächtige Trachten.

Besondere Feste

Auf Mallorca bringt nicht das Christkind die Weihnachts-Geschenke, sondern die Heiligen Drei Könige. Deshalb warten die Kinder am Abend des 5. Januar sehnsüchtig auf sie.

In Palma kommen die Heiligen Drei Könige mit dem Schiff an. Am Hafen werden sie mit Musik, Fackeln und einem großen Feuerwerk begrüßt.

Karneval

Lange Festzüge bewegen sich durch die Straßen. Alle verkleiden sich mit ausgefallenen Masken und Kostümen.

Kirchliche Feste

Die Mallorquiner sind ein sehr gläubiges Volk. Jedes Dorf feiert seinen eigenen Schutzheiligen. Die Feste finden im Sommer oder Herbst statt.

Siesta

Im Sommer wird es mittags ziemlich heiß. Die Einheimischen halten deshalb eine Siesta. Das ist eine lange Mittagspause. In vielen Orten schließen dann sogar die Geschäfte.

Seltsame Noten

Pablo kommt von der Schule nach Hause. Auf seiner Arbeit steht eine Eins. Trotzdem freut er sich nicht. Auf Mallorca gilt die Eins nämlich als schlechteste Note. Die beste ist eine Zehn.

Ewig Ferien

Das Tollste auf Mallorca sind die Sommerferien. Von Mitte Juni bis Mitte September müssen die Kinder nicht zur Schule. Drei Monate!

Wasserratten

Was machen die Kinder dann den ganzen Tag? Sie freuen sich natürlich auf das Meer. Bis abends toben sie sich am Strand aus.

Essen auf Mallorca

Du solltest unbedingt die leckeren, typisch mallorquinischen Gerichte kosten.

Tapas

Diese kleinen Häppchen essen die Mallorquiner als Vorspeise. Sie legen sie oft in Olivenöl und Knoblauch ein. Probier auch mal „pa amb oli"! Das geröstete Brot mit Tomaten schmeckt dir bestimmt!

Hauptspeisen

Meeresfrüchte wie Fisch, Tintenfisch oder Muscheln fehlen auf keiner Speisekarte.

Arroz brut

Das heißt übersetzt „schmutziger Reis". Lass dich vom Namen nicht abschrecken! Der Reistopf mit Fleisch und Gemüse schmeckt köstlich. Die schmutzige Farbe kommt vom Safran-Gewürz.

Tortilla

So nennt man ein Omelette aus gekochten Kartoffeln und angebratenen Zwiebeln.

Süßes für Zwischendurch

Ensaimadas gehören unbedingt zu einem richtigen Mallorca-Urlaub! Diese süßen Schnecken sind mit einer köstlichen Creme gefüllt. Mmmh, lecker!

Benny Blu Super Sieben

Benny Blu hat dir seine Lieblings-Reiseziele auf Mallorca aufgelistet:

	Seite
○ **Hauptstadt Palma**	26
○ **Tropfsteinhöhlen**	36
○ **Reserva Africana**	36
○ **Bootsfahrt zur Insel Dragonera**	29
○ **Kakteenpark Botanicactus**	10
○ **Vergnügungspark bei Palma**	27
○ **Nationalpark S'Albufera**	35

Und was willst du noch unbedingt sehen?

○ _____

○ _____

○ _____

Kreuze an, wo du überall warst. Wenn du nicht alles geschafft hast, macht es nichts. Das klappt dann bestimmt beim nächsten Mal.

Unterwegs auf Mallorca

Die Sonneninsel bietet unzählige Freizeit-Angebote. Dir wird bestimmt nie langweilig!

Herrliche Strände

Ob ruhige Badebuchten oder belebte Strände mit Sport und Unterhaltung – jeder findet hier seinen Platz.

Spaß und Spiel

Stelle dir den Strand als riesengroßen Sandkasten vor! Lass deiner Fantasie freien Lauf und baue dir dein Traumschloss!

Benny Blu Strand-Spiele

Beim letzten Urlaub lernte Benny Blu lustige Spiele für den Strand kennen.

Strandzeichner

Du zeichnest etwas in den Sand. Die anderen müssen erraten, was es darstellt. Richtig interessant wird es, wenn ihr ganz nah am Wasser zeichnet. Das Bild verschwindet dann unter der nächsten Welle. Da müssen die Rater ganz schön schnell sein!

Der Sandkarren

Kennst du den Schubkarren? Du legst dich mit dem Bauch auf den Boden. Jemand packt dich an den Füßen.

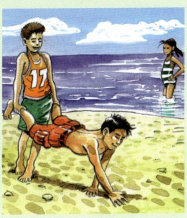

Du stellst dich auf deine Hände und los geht's! Im Sand geht das gar nicht so einfach.

Auf dem Wasser

Was magst du lieber: schwimmen, surfen oder Tretboot fahren? Das alles und noch viel mehr kannst du am Meer machen.

Unter Wasser

Das Wasser im Meer ist so klar wie Glas. Du siehst bis auf den Boden – genau richtig, wenn du tauchen und schnorcheln willst.

Bootsausflüge

Viele Orte bieten Bootstouren an. Du besuchst Inseln, Dörfer oder abgelegene Buchten. Benny Blu gefiel die Fahrt zur Insel Cabrera besonders gut. Schau nach auf Seite 37!

Benny Blu Strand-Tipps

Einige Dinge solltest du beim Baden und Spielen am Strand beachten:

Auf Mallorca scheint die Sonne sehr kräftig. Creme dich ein! So schützt du dich vor einem Sonnenbrand. Am besten setzt du auch einen Sonnenhut auf!

Am Strand gibt es verschiedene Fahnen. Die grüne Fahne heißt: Du darfst im Meer baden. Die rote Fahne bedeutet: Heute ist es verboten, ins Meer zu gehen. Die Wellen sind zu hoch.

Die Sonne heizt den Sand ziemlich auf. Trage besser Badeschuhe! So verletzt du dich auch nicht an scharfen Kanten oder Muscheln.

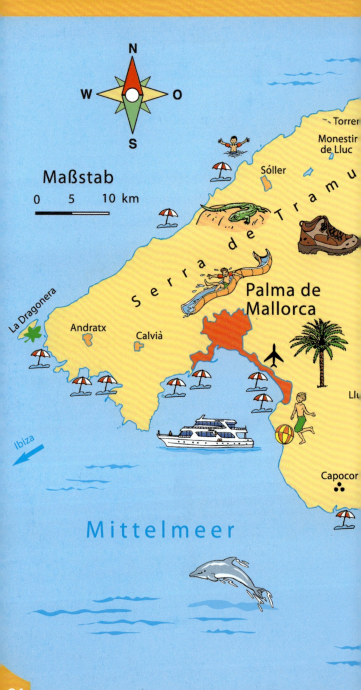

Palma – die Hauptstadt

Ungefähr die Hälfte der Mallorquiner lebt in der Gegend um Palma. Ein Tages-Ausflug dorthin lohnt sich auf alle Fälle.

La Seu

Die Kathedrale La Seu erkennt man schon von weitem. Majestätisch thront sie oberhalb des großen Hafens. Sie steht dort seit fast 800 Jahren.

Der Hafen

Bei einem Spaziergang am Hafen siehst du eine Menge. Schiffe aus aller Welt legen hier an.

Benny Blu Hinweis
Die wichtigsten Orte findest du in der großen Karte auf den Seiten 24 und 25.

Altstadt

Die historische Altstadt von Palma wird dich beeindrucken. Verwinkelte Gassen, alte Häuser und Paläste prägen das Stadtbild.

Mercat l'Olivar

In der riesigen Markthalle ist immer viel los. Bis mittags bieten Fisch-, Fleisch- und Gemüsehändler lauthals ihre Ware an.

Wasserparks

Gewaltige Rutschen und flinke Delfine: Das erlebst du in den tollen Freizeitparks bei Palma.

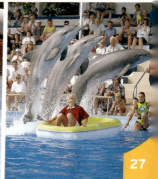

Der Südwesten

Hier stellen sich die Restaurants, Kneipen und Geschäfte total auf die Touristen ein. Du siehst sogar deutsche Schilder. Irgendwie komisch, oder?

Port d'Andratx

Buntes Treiben herrscht rund um den Hafen des netten Städtchens. Port d'Andratx kennt man wegen seiner noblen Villen.

Tal von Andratx

Über kleine Hügel wanderst du wie durch einen großen Garten. Überall wachsen Orangen-, Mandel- und Olivenbäume.

La Dragonera, die Dracheninsel

Keine Angst – echte Drachen leben hier nicht! Der Name kommt von der Form der Insel. Sie liegt wie ein schlafender Drache im Meer.

Tiere auf Dragonera

Auf Schritt und Tritt begegnest du der Dragonera-Eidechse. Die flinken Tiere flitzen über die Steine. Oft verstecken sie sich in Mauerritzen.

Rosmarin

Über der ganzen Insel liegt ein angenehmer, intensiver Duft. Der kommt von den zahlreichen Rosmarin-Sträuchern. In der Küche benutzt man Rosmarin als Gewürz.

Der Westen

Das Tramuntana-Gebirge mit seinen Ausläufern zieht sich über den ganzen Westen. Die Felsen reichen bis ans Meer.

Wandervergnügen

Hier locken spannende Bergtouren. Du kommst immer wieder an verlassenen Burgen vorbei. Knorrige Steineichen stehen überall am Wegesrand.

Benny Blu Wander-Tipp

Wanderst du gerne? Am besten machst du das im Frühjahr und Herbst. Da ist es nicht so heiß. Schütze dich trotzdem vor der Sonne und nimm etwas zu Trinken mit! Feste Schuhe brauchst du natürlich auch.

Serpentinen

Mach doch mal eine abenteuerliche Fahrt entlang der Westküste! Viele enge Straßen schlängeln sich durch die Landschaft. Man nennt sie Serpentinen.

Reise in die Vergangenheit

Wie lebten die Mallorquiner früher? Das erfährst du auf dem Gutshof La Granja. Töpfer, Weber und Bäcker führen ihr Handwerk vor. In der alten Folterkammer stehen dir die Haare zu Berge!

Folklore

Tanzgruppen treten in traditionellen Kostümen auf. Dazu spielt einheimische Musik.

Benny Blu Aktions-Tipp

Möchtest du mehr über das frühere Leben auf Mallorca wissen? Dann besuche den Museumshof Els Calderés bei Petra! Sogar altes Spielzeug darfst du dort ausprobieren.

Sóller – ein Paradies für Naschkatzen

Hier gibt es ein leckeres, großes Eis direkt aus der Eisfabrik. Willst du dir das entgehen lassen?

Roter Blitz

Die Bimmelbahn verbindet Palma mit Sóller. Die Fahrt führt durch 19 Tunnel.

Kleines Benny Blu Mallorca-Rätsel

Du hast nun schon viel über Mallorca gelernt. Die Fragen kannst du bestimmt beantworten!

Wie heißen die Vorspeisen auf Mallorca?

_ _ 🟧 🟨 _

Welchen Baum brachten die Römer auf die Insel?

_ 🟦 _ _ _ _ _ _ _ 🟩

Wie heißt die lange Mittagspause?

_ _ 🟨 _ _ _

Lösungswort: 🟧 🟨 🟦 🟩

Torrent de Pareis

Schroffe Felsen begrenzen diese riesige Schlucht. Ab und zu betteln dich ein paar wilde Katzen um Futter an. Auf keinen Fall streicheln!

Monestir de Lluc

In diesem abgelegenen Kloster verehren die Mallorquiner „Sa Moreneta", die Schwarze Madonna.

Benny Blus sagenhafte Geschichte

Eine Legende erzählt: Ein Junge entdeckte einst in den Bergen die Schwarze Madonna. Der kleine Lluc brachte die Figur zur nächsten Kirche. Am folgenden Morgen war die Moreneta verschwunden. Sie lag wieder an der Stelle, wo der Junge sie gefunden hatte. Dies wiederholte sich mehrmals. Schließlich bauten die Mallorquiner an diesem Ort eine Kapelle – das heutige Kloster Lluc.

Norden und Nordosten

Ganz oben im Norden liegt die Halbinsel Formentor. Die Spitze dieser Landzunge bildet das Kap Formentor mit seinem Leuchtturm.

Weitblick

Mehrere Aussichtspunkte liegen bis zu 200 Meter über dem Meer. Das ist höher als die meisten Wolkenkratzer. Genieße den super Ausblick!

Benny Blu Ausflugs-Tipp

Die Stadt Alcúdia umgibt eine Mauer aus dem Mittelalter. Spannend wird's im archäologischen Museum. Fundstücke aus verschiedenen Epochen machen die Geschichte Mallorcas lebendig.

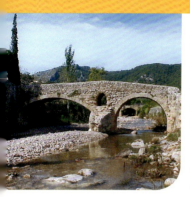

Pollença

Das belebte Fischerstädtchen ist ganz schön alt. Die große Brücke über den Torrent de Sant Jordi stammt aus der Römerzeit.

Moros y Cristianos

Vor etwa 450 Jahren überfielen Piraten die Stadt Pollença. Die Bewohner besiegten die Seeräuber. Ein großes historisches Fest am 2. August erinnert daran.

Nationalpark S'Albufera

Mehr als 200 Vogelarten leben hier. Auch Schildkröten und seltene Frösche kannst du entdecken. In dem einzigartigen Feuchtgebiet wachsen auch Orchideen und Schilfgräser.

Osten

Im Osten der Insel liegt eine sanfte Hügellandschaft. Sie heißt Serra de Llevant. Hier sind die Berge nur bis zu 500 Meter hoch.

Auf Safari

Fühl dich wie in Afrika! In der Reserva Africana erlebst du Elefanten, Affen, Löwen und Zebras aus nächster Nähe.

Tropfsteinhöhlen

Die gewaltigen Coves del Drac und die Coves d'Artà beeindrucken dich sicher. Im Inneren der Höhlen finden auch Musikspektakel mit coolen Lichteffekten statt.

Im Nationalpark Cabrera

Süden

Vor der Südspitze Mallorcas liegt die Insel Cabrera. Früher kämpfte man dort gegen Piraten. Heute bewohnen seltene Vogelarten wie etwa der Seeadler die Insel.

Cueva Azul

Besuche doch mal diese Grotte! Du erreichst sie nur vom Meer aus mit dem Boot. Direkt vom Schiff springst du ins Wasser und schnorchelst. Ein Riesenspaß!

Die Spur der Steine

An mehreren Orten zeigen zahlreiche Überreste die Kultur vor über 3.000 Jahren – so zum Beispiel in Capocorb Vell oder Manacor.

Es Plá – das Landesinnere

Nur wenige kleine Hügel liegen in der großen Ebene im Inneren des Landes.

Landwirtschafts-Zentrum

Man bezeichnet die Ebene als Obst- und Gemüsegarten Mallorcas. Hier wachsen sogar Mandeln und Feigen.

Fahrradspaß

Durch die gelb-braunen Felder verlaufen schmale Straßen. Dort fahren kaum Autos. Da macht es doppelt Spaß, die Landschaft mit dem Rad zu erkunden.

Fincas

Im Hinterland siehst du viele alte Bauernhäuser und Fincas. Eine Finca ist ein altes Steinhaus in der typischen Häuserfarbe Ocker.

Großes Mühlental

Die Windmühlen zwischen Llucmajor und Campos del Puerto pumpen Grundwasser nach oben. So werden die Felder bewässert. Außerdem mahlen sie das Getreide.

Benny Blu Wissens-Tipp

Im Winter wehen auf Mallorca starke Winde. Das nutzten die Einwohner. Sie begannen schon vor über 500 Jahren, Windmühlen für die Landwirtschaft zu bauen. Mallorca heißt deshalb auch „Insel der Windmühlen".

Handwerks-Tradition

Im Landesinneren liegen viele kleine Dörfer. Glasbläser zeigen in Campanet ihre Arbeit.

Aus Manacor kommen die weltbekannten Majorica-Kunstperlen. Ihre feine äußere Schicht besteht aus Fischschuppen.

Lederwaren

In Inca bekommst du alles, was man aus Leder machen kann. Brauchst du nicht ein paar neue Schuhe?

Markttag

Fast in jedem Dorf findet einmal in der Woche ein Markttag statt. Einer der schönsten ist der Mittwochs-Markt in Sineú. Dort gibt es fast alles, was das Herz begehrt.

Mitbringsel

Sammle doch ein paar hübsche Muscheln! Sie erinnern dich zu Hause an die schönen Tage am Strand.

Handgemacht

Eine Schnitzerei aus Olivenholz oder eine kleine Tonfigur kommt bei Freunden immer gut an.

Benny Blus sagenhafte Geschichte

Siruells sind weiße Pfeifchen aus Ton. Die kleinen Glücksbringer werden meistens mit roter und grüner Farbe bemalt. Eine Geschichte erzählt: Wenn ein Junge in ein Mädchen verliebt war, schenkte er ihr ein Siruell. Pfiff sie darauf, hieß das: Ich mag dich auch. Ließ sie es aber fallen, war er ihr gleichgültig.

Benny Blu Sprach-Lexikon: Spanisch

Auf Mallorca spricht man zwei Sprachen: Spanisch und Mallorquín. Sie ähneln sich sehr. Benny Blu hat für dich dazugeschrieben, wie du die Wörter aussprechen musst.

sí/no	–	ja/nein
por favor (por fawor)	–	bitte
gracias (graßias)	–	danke
¡Perdón!	–	Entschuldigung!
¡No importa!	–	Macht nichts!
¡Buenos días!	–	Guten Tag!
¡Hola! (Ola)	–	Hallo!
¡Adiós!	–	Auf Wiedersehen!

¡Hasta luego!

¡Hasta luego! (asta luego)	–	Tschüß!
¿Qué tal? (Ke tal)	–	Wie geht's?
muy bien/bien/mal	–	sehr gut/gut/schlecht
¡vamos! (wamos)	–	Gehen wir, auf geht's!

Beim Essen

comer	–	essen
beber	–	trinken
hambre (ambre)	–	Hunger
sed	–	Durst
un helado (un elado)	–	ein Eis
un pescado (un peskado)	–	ein Fisch
agua	–	Wasser
Quiero un ..., por favor (Kiero un ..., por fawor)	–	Ich hätte bitte gerne ein/e ...

Weitere wichtige Ausdrücke

no entiendo/no comprendo	–	ich verstehe nicht
¿Habla alemán?	–	Sprechen Sie Deutsch?
Me llamo ... (me jamo)	–	Ich heiße ...
¿Como te llamas? (Komo te jamas)	–	Wie heißt du?
¡Ayuda! (ajuda)	–	Hilfe!
¡Atención! (atenßion)	–	Achtung!

Die Zahlen von eins bis zehn auf Spanisch

un	dos	tres	cuatro	cinco	seis	siete	ocho	nueve	diez
1	2	3	4	5	6	7	8	9	10

Benny Blu Wissens-Tipp

Sie sind schon ein lustiges Völkchen, die Spanier. Vor alle Ausrufe- und Fragesätze schreiben sie ein verdrehtes Ausrufe- und Fragezeichen.

Benny Blu Urlaubs-Erinnerungen

Benny Blu schreibt sich immer seine tollsten Urlaubserlebnisse auf. Was hat dir am besten auf Mallorca gefallen?

Mach es wie Benny Blu. Klebe dir dein schönstes Urlaubsfoto in deinen Reiseführer. Dann hast du später ein Urlaubsandenken.

 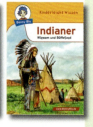

Auch erhältlich – Wissensbücher von Benny Blu

Bereits erschienen:

Adler – Könige der Lüfte
Ägypten – Leben am Nil
Altes Rom – Soldaten, Götter, Spiele
Autos – Vom Dampfwagen zum Flitzer
Babys – Das Leben beginnt
Bauernhof – Leben auf dem Land
Benehmen – Bitte, danke, gern geschehen
Bienen – Fleißige Honigmacher
BRD – So ist sie aufgebaut
Brot – Vom Mehl zum Brot
Bücher – So werden sie gemacht
Christentum – Der Glaube an Jesus
Delfine – Schlaue Schwimmer
Dinosaurier – Faszinierende Urtiere
Eichen – Vom Samen zum Baumriesen
Eisbären – Raues Leben in der Arktis
Eisenbahn – Von der Pferdebahn zum IC
Elefanten – Sanfte Riesen
Erde – Unser Lebensraum
Fernsehen – Filmen, senden, gucken
Feuerwehr – Löschen, retten, bergen, sch
Flugzeuge – Vom Gleiter zum Airbus
Frösche – Quakkonzert am Teich
Fußball – Team, Tor, Sieg
Gefühle – Glücklich, wütend, fröhlich sein
Gehirn – So denken wir
Getreide – Vom Korn zum Mehl
Glas – Stoff mit Durchblick
Gorillas – Große Menschenaffen
Haie – Scharfsinnige Jäger
Handy – Telefone und Funklöcher
Hausbau – Von der Planung zum Einzug
Hecke – Bäume, Sträucher, Tiere
Heilpflanzen – Blüten, Tee und Zauberkr
Hunde – Freunde der Menschen
Igel – Stachlige Urtiere
Indianer – Wigwam und Büffeljagd
Kaninchen – ... und Hasen
Kartoffeln – Lecker und gesund
Katzen – Schnurren oder kratzen
Kino – Wie die Bilder laufen lernen
Körper – So funktioniert er

Wissen zum Minipreis

- **olumbus** – Entdeckung der Neuen Welt
- **erntipps** – Leichter lernen
- **öwen** – Mächtige Raubkatzen
- **eisen** – Geschickte Gartenvögel
- **ensch** – So hat er sich entwickelt
- **ilch** – Vom Euter bis zur Flasche
- **stern** – Das Fest der Freude
- **apageien** – Bunt und gesellig
- **ferde** – Schön, schnell und stark
- **lze** – Vielseitig und nützlich
- **raten** – Räuber der Meere
- **olizei** – Hilfe, Schutz, Verbrecherjagd
- **adio** – Senden und empfangen
- **aumfahrt** – Reisen ins All
- **tter** – Lanze, Ross und Reiter
- **chiffe** – Segelschiffe, Dampfer, Frachter
- **chlangen** – Züngeln, schlängeln, zischen
- **chmetterlinge** – Von der Raupe zum Falter
- **chokolade** – Süßes vom Kakaobaum
- **ort** – Olympisch fit und fair
- **annen** – Immergrüne Nadelbäume
- **ger** – Gestreifte Großkatzen
- **erkehr** – Sicher auf der Straße
- **ulkane** – Feuer speiende Berge
- **asser** – Aus der Quelle ins Glas
- **eihnachten** – Das Fest der Liebe
- **eltall** – Sterne und Planeten
- **etter** – Regen, Wolken, Sonnenschein
- **iese** – Blumen, Gräser und Tiere
- **ikinger** – Raues Seefahrervolk
- **ähne** – Starke Beißer
- **eit** – Messbar, aber nicht zu fassen
- **ucker** – Aus der Rübe in die Tüte

und viele weitere Titel.

Mehr Infos zu Benny Blu
unter der Hotline:
1805/71 15 71 (0,12 €/Minute)
oder im Internet unter:

www.BennyBlu.de

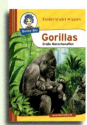

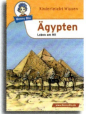

Benny Blu Adressen-Seite

S. 10:
Kakteenpark Botanicactus
in der Nähe von Ses Salines
www.botanicactus.com

S. 22 / S. 37:
Excursions a Cabrera S.L.
Ronda de Migjorn nº 4
07640 Ses Salines
www.excursionsacabrera.com

S. 27:
Aqualand Magaluf
Ctra. Cala Figuera
07182 La Porrasa
Magaluf
www.aqualand.com/
magaluf/mallorca

S. 27:
Freizeitpark Marineland
Carrer Garcilaso de la Vega 9
Costa d'en Blanes
07184 Calviá
www.aspro-ocio.es/
marineland/mallorca

S. 31:
La Granja
Carretera Esporles
Puigpunyent km 2
Esporles
www.lagranja.net

S. 31:
Els Calderés
An der Straße Manacor-Palma bei km 37
abbiegen nach San Joan

S. 32:
Sa Fábrica de Gelats
Plaça del Mercat
Carrer Romaguera 12
07100 Sóller de Mallorca
www.gelatsoller.com

S. 34:
Archäologisches
Museum in Alcúdia
= Museo Monogràfic
de Pollentia Carrer
Sant Jaume 30
(bei Kirche)

S. 36:
Safari Zoo
Reserva Africana
Sa Coma (bei Cala Millor)

S. 36:
Cuevas del Drach
Carretera cuevas
07680 Porto Cristo
www.cuevasdeldrac.com

Benny Blu Info-Tipp

Unter www.BennyBlu.de findet ihr eine ausführliche Adressen-Liste der Reiseziele in diesem Buch.